MW01166851

¡HOLA, MUNDO!

with

¡HOLA, AMIGOS!

Level 1

Instituto Cervantes

Edi numen USA

¡Hola, mundo!, ¡Hola, amigos!
© **Editorial Edinumen**, 2020
© **Authors:** María Gómez, Manuela Míguez, José Andrés Rojano and Pilar Valero
© **Songs, lyrics and music author:** M.ª Idoia Sáez de Ibarra
Coordinator: Pilar Valero

¡Hola, amigos! Online Practice
© Instituto Cervantes

ISBN - Student Edition - Plus one year online access: 978-84-9179-316-8
ISBN - Student Edition - Plus multiyear online access: 978-84-9179-388-5
1 2 3 4 5 6 7 8 9 10 MUR 22 21
Print date: 0522
Depósito Legal: M-15199-2020
Printed in Spain

Cover Design, Design and Layout:
Carlos Casado

Illustrations:
Carlos Casado and Carlos Yllana

Editorial Coordinator:
David Isa

Songs:
Voices: M.ª Idoia Sáez de Ibarra and Rocío González
Choir: Luna, Carla, Francisco, Daniel, Pablo and José
Musical Arrangements: Fernando Camacho and Enrique Torres
Sound Engineer: Enrique Torres
Recording Studio: www.aire-estudio.es

Photos:
Archivo Edinumen and Shutterstock.com

Editorial Edinumen
José Celestino Mutis, 4. 28028 Madrid. España
Telephone: (34) 91 308 51 42
e-mail: edinumen@edinumen.es
www.edinumen.es

Edinumen USA Office
1001 Brickell Bay Drive Suite 2700
Miami 33131, Florida
Telephone: 7863630261
e-mail: contact@edinumenusa.com

Índice

¡Hola, amigos!

1 Escucha y canta.

¡Hola!, ¿cómo estás?
Buenos días, Santi, ¿cómo estás?
Muy bien, y tú, ¿qué tal?
¡Hola!, ¿cómo estás?
Buenas tardes, Santi, ¿cómo estás?
Muy bien, y tú, ¿qué tal?
¡Hola!, ¿cómo estás?
Buenas noches, Santi, es hora de dormir.
Hasta mañana, buenas noches. ¡Adiós!

¡Hola, amigos! ¿Qué tal? Yo soy Mar.

¡Hola! Yo me llamo Germán, ¿y tú?

¡Buenas tardes! Yo soy Julia, soy de España.

¡Hola! Yo soy Santi.

¡Hola! Yo soy Oda, soy de Brasil.

Me llamo Héctor. Soy de Argentina, ¿cómo estás?

¡Guau, guau!

2 ² Escucha e identifica a los personajes.

3 ³ Escucha y preséntate.

BIENVENIDOS

¡Hola! Yo me llamo Roberto y soy de México.

¡Hola! Yo me llamo Inés y soy de España, ¿y tú?

4 🐾 4 ¡Así suena! Escucha, repite y compara.

¡Hola! Soy Mario, te traigo el abecedario.

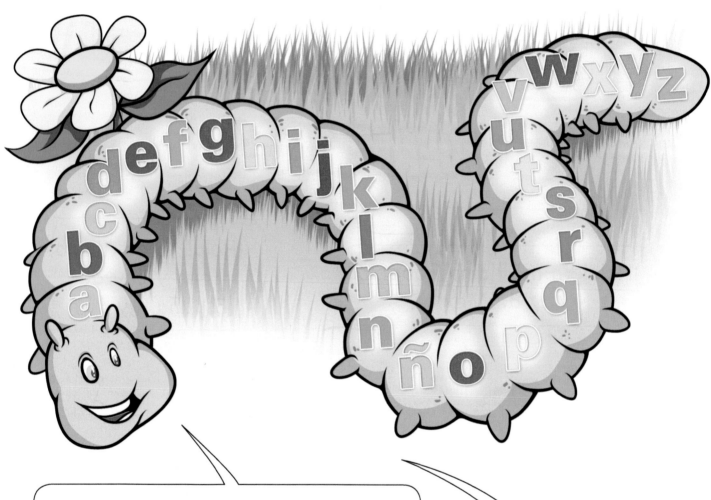

Yo me llamo Mario. M-A-R-I-O.

Ahora, deletrea tu nombre...

5  Escucha y relaciona.

6 Lee y practica con tu compañero/a.

¡Hola!, buenas tardes.

¡Hola!, ¿cómo te llamas?

Yo me llamo Santi, ¿y tú?

Yo soy Carlos, ¿cómo estás?

Yo estoy muy bien, gracias.

¡Hasta mañana!

¡Adiós!

Aprende

¿Cómo estás?

Estoy (muy) bien.

Estoy (muy) mal.

7 ⁶ Escucha, lee y relaciona.

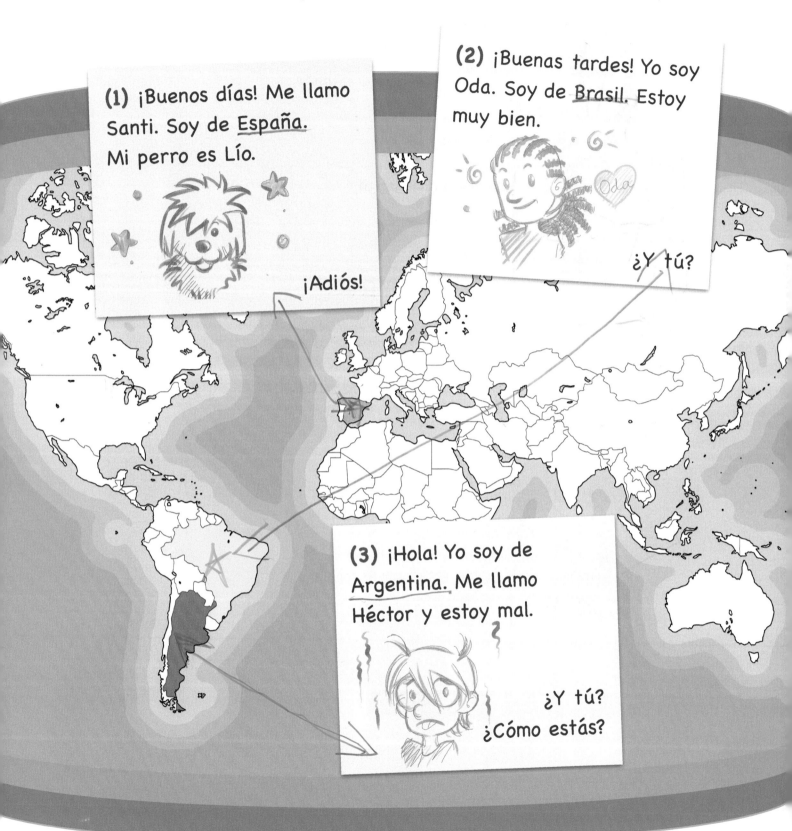

(1) ¡Buenos días! Me llamo Santi. Soy de <u>España</u>. Mi perro es Lío.

¡Adiós!

(2) ¡Buenas tardes! Yo soy Oda. Soy de <u>Brasil</u>. Estoy muy bien.

¿Y tú?

(3) ¡Hola! Yo soy de <u>Argentina</u>. Me llamo Héctor y estoy mal.

¿Y tú?
¿Cómo estás?

8 Lee y contesta según la actividad anterior.

¿Verdadero o falso?

V   F

1. Santi es de Brasil.

2. Oda está muy bien.

3. Héctor es de Argentina.

4. Lío es un perro.

5. Héctor está muy bien.

9 7 Escucha y señala.

10 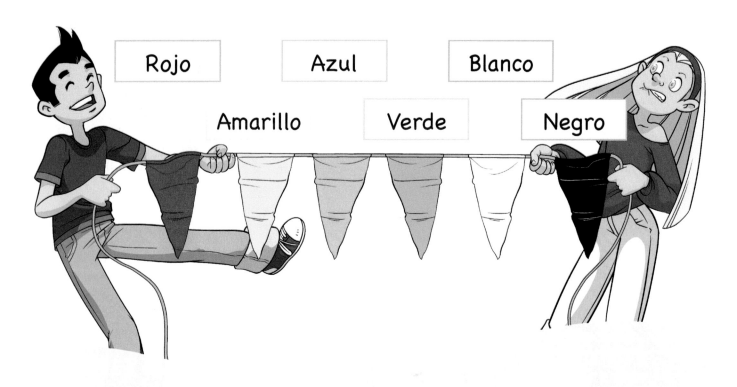 8 Escucha y repite. Luego, deletrea.

Rojo   Azul   Blanco

Amarillo   Verde   Negro

11 Cuenta y suma.

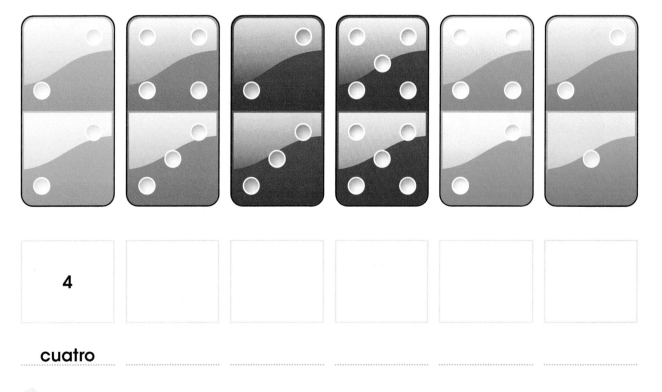

4					
cuatro					

12 Juega con tu compañero/a.

Te presento a mi familia

1 🐕 10 **Escucha y canta.**

Yo me llamo Julia.
Te presento a mi familia.
Esta es mi mamá, este es mi papá.
Y este es mi hermano pequeño.
¿Y tú, y tú, y tú, tienes hermanos?
No, no, no, no.
Yo me llamo Julia...

Esta es mi abuela, este es mi abuelo.
Y esta es mi hermana mayor.
¿Y tú, y tú, y tú, tienes hermanos?
No, no, no, no.
Yo me llamo Julia...
Esta es mi tía, este es mi tío.
Y yo me llamo Julia.
Y tú, ¿cómo te llamas?

2 🐕 11 **Escucha y señala.**

Julia

¡Hola!, soy Julia.
Te presento a mi familia.

papá   mamá

hermana   hermano   abuela   abuelo   tía   tío

3 Ayúdame a presentar a mi familia.

4 🐶 12 ¡Así suena! Escucha, repite y compara.

A, e i, o, u,
¿puedes repetir tú?
La a de araña,
la e de elefante,
la i de iguana,
la o de oso,
la u de urraca.
A, e i, o, u,
¿puedes repetir tú?

Deletrea los animales del poema.

5 **Observa y escucha.**

Hola, yo soy Santi. Yo tengo 9 años. Tengo un hermano y una hermana.

Te presento a mis amigos.

Él se llama Juan Ramón y tiene 10 años.

Ella es Celia, tiene 8 años.

Juan Ramón tiene dos hermanos.

Ella tiene tres hermanas.

¿Tú tienes hermanos?

6 Lee y completa.

tiene  .

Ella tiene  .

tiene  .

Él tiene  .

Ahora tú.

- Yo tengo…
- Tú tienes…
- Santi tiene…

Aprende

Yo tengo
Tú tienes
Él/Ella tiene

7  **Escucha y relaciona.**

Mi familia

Yo me llamo Héctor, soy de Argentina y tengo 8 años.

Esta es mi familia: mi papá se llama Federico y mi mamá se llama Nadia.

Yo tengo una hermana. Ella se llama Rita y tiene 10 años.

Yo tengo un tío y una tía en España.

Mis abuelos están en Argentina.

8 Lee el texto y ordena las imágenes.

Mi familia

1. Mi mamá me besa, antes de dormir.
2. Mi papá me besa, antes de salir.
3. Mi abuela me besa, me besa feliz.
4. Mi abuelo me besa, y me hace reír.
5. Yo beso a mi hermano, él me besa a mí.
6. Esta es mi familia, besos para ti.

José González Tortices "Poesía infantil". Ed. Everest

9 🐶 15 Escucha y señala.

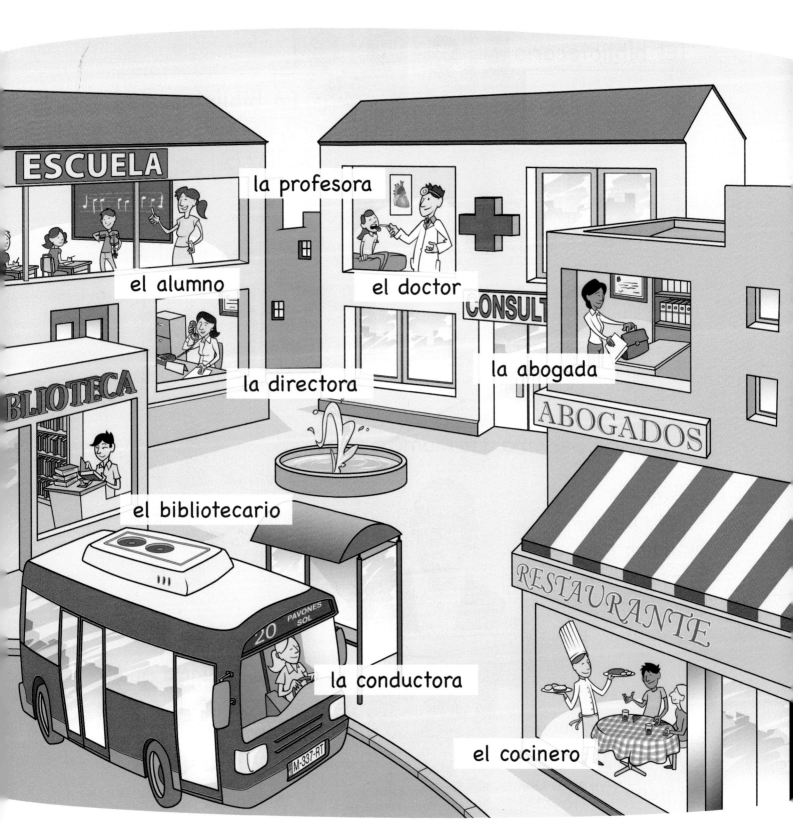

la profesora

el alumno

el doctor

la directora

la abogada

el bibliotecario

la conductora

el cocinero

10  16 Escucha y completa según el modelo.

El bibliotecario

La bibliotecaria

11 Lee. Luego, presenta a tu mamá o papá.

Él es mi papá.
Se llama Francisco.
Él es abogado.

Él es mi hermano.
Se llama José.
Él tiene diez años.

Mi abuela se llama Ana.
Ella es de Argentina y
es profesora.

12 ¡Crea tu póster!

Necesitas:

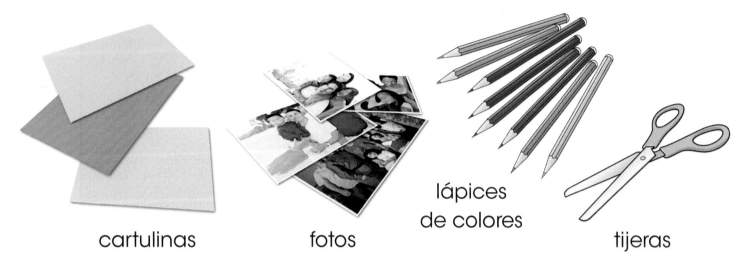

cartulinas   fotos   lápices de colores   tijeras

MI FAMILIA

Mi mamá se llama Marcela. Ella es abogada. Ella tiene una hermana en Brasil.

Mi papá...

Mi hermana...

EL HERMANO PEQUEÑO DE JULIA

¡El martes tenemos Español!

1 🐶 18 Escucha y canta.

Los días de la semana, los días de la semana.
Los días de la semana, siete días son.
El lunes, Lengua y Música,
el martes, Español.
Los días de la semana, siete días son.
El miércoles, ¿qué hay?
Educación Física hay.
Los días de la semana…
El jueves, Matemáticas,
el viernes, Dibujo y Ciencias.
Los días de la semana, siete días son.
El sábado y domingo,
¿qué hay?, ¿qué hay?, ¿qué hay?, ¿qué hay?, ¿qué hay?
Hay que jugar, hay que dibujar, hay que cantar.
Los días de la semana…

LUNES
MARTES
MIÉRCOLES
JUEVES
VIERNES
SÁBADO
DOMINGO

2  **19** Escucha y repite.

¡Este es el horario de clase!

	Lunes	Martes	Miércoles	Jueves	Viernes
A S I G N A T U R A S	Español	Música	Ciencias	Dibujo	Español
	Matemáticas	Español	Lengua	Ciencias	Lengua
	Ciencias	Educación Física	Matemáticas	Música	Dibujo
	Recreo				
	Música	Ciencias	Español	Matemáticas	Ciencias
	Lengua	Matemáticas	Educación Física	Español	Matemáticas

Fin de semana

Sábado   **Domingo**

¡Bien, no hay escuela el sábado!

3 Une y adivina.

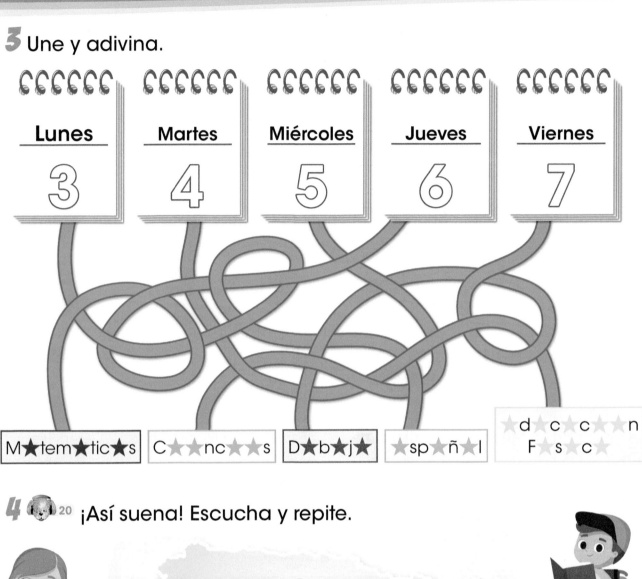

Lunes	Martes	Miércoles	Jueves	Viernes
3	4	5	6	7

M★tem★tic★s   C★★nc★★s   D★b★j★   ★sp★ñ★l   ★d★c★c★★n F★s★c★

4 🐾 20 ¡Así suena! Escucha y repite.

Niños y niñas... ¡Presten atención!

La ñ de España aparece en cañón,
en muñeca, en pañuelo, en gruñir y en piñón.

Ña, ñe, ñi, ño, ñu...

¡Ahora, repítelo tú!

Grrr...

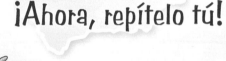

5 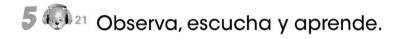 21   Observa, escucha y aprende.

6 Practica con tu compañero/a.

Ellos tienen Educación Física el martes.

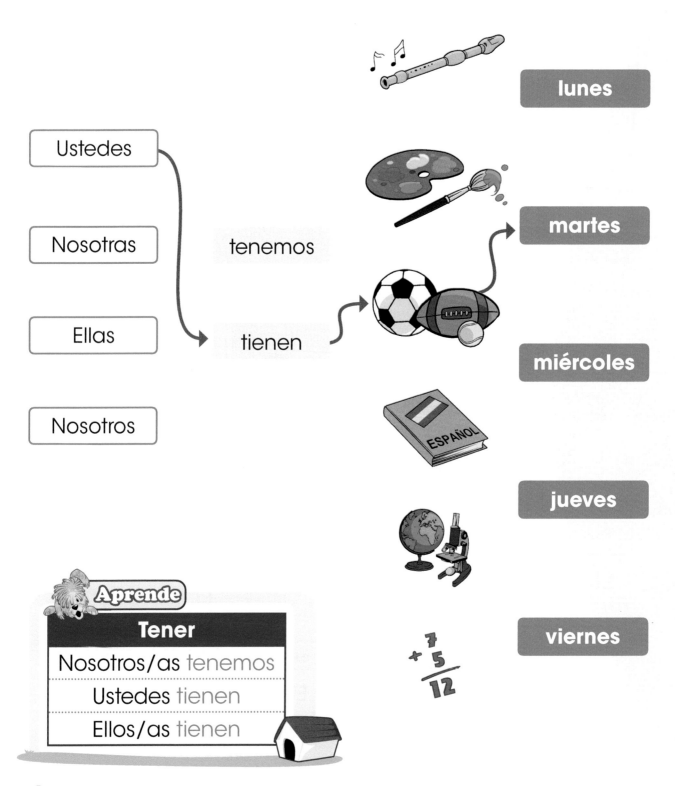

Ustedes

Nosotras

tenemos

Ellas

tienen

Nosotros

lunes

martes

miércoles

jueves

viernes

ESPAÑOL

Aprende

Tener
Nosotros/as tenemos
Ustedes tienen
Ellos/as tienen

7  **Escucha y lee.**

Hola, Paola:

Soy Héctor y tengo ocho años. Soy argentino. Tengo muchos amigos y amigas. Mi escuela se llama Miguel de Cervantes. Tenemos Inglés todos los días y Educación Física el martes y el viernes. Mi asignatura favorita es Música. Hay Música tres días: martes, miércoles y jueves.

El domingo yo juego al fútbol con mis amigos. ¿Ustedes tienen escuela el sábado? ¿Juegas al fútbol?

Adiós. ¡Hasta pronto!

Héctor

PD: Esta es mi foto.

8 Lee y relaciona.

Mensaje nuevo

Héctor
Argentina

Paola
Italia

¡Hola, Héctor!

a. Mi asignatura favorita es Matemáticas.

b. Tenemos Ciencias el lunes y el miércoles.

c. Me llamo Paola, soy de Italia y tengo 9 años.

d. Yo juego al tenis con mi amigo el domingo.

e. Mi escuela se llama Leonardo da Vinci.

¡Hasta pronto!

Paola

9  23 Escucha y elige.

cantar • estudiar • dibujar • jugar • desayunar • escuchar

Yo desayuno.

Tú juegas.

Él estudia.

Tú cantas.

Yo dibujo.

Ella escucha.

10 ¡Vamos a jugar! Haz mímica y adivina.

Aprende

Cantar
Yo canto
Tú cantas
Él/ella canta

11 Completa las oraciones.

Yo desayuno con mi familia el domingo.

Yo _____ el domingo.

Tú _____ el lunes.

Él _____ el jueves.

Tú _____ al _____ el sábado.

Ella _____ en _____ el martes.

Yo _____ en _____ el miércoles.

12 Juega con tu compañero/a.

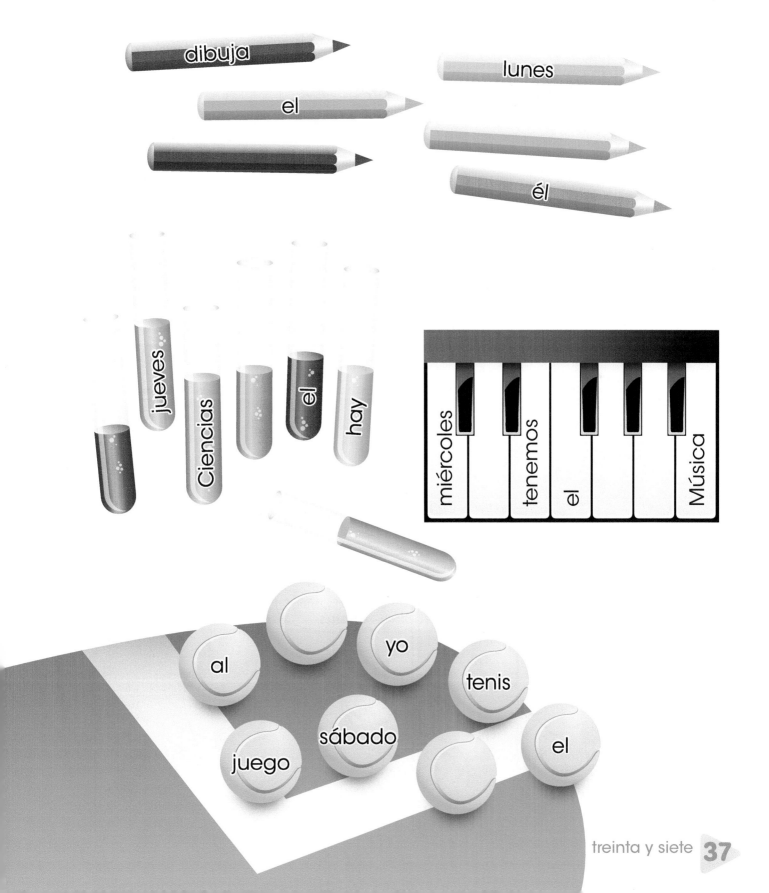

¡Muy bien, Oda!

Me encanta la Educación Física.

Sí, ¡el profesor es fantástico!

¡Síííííí!

¿Tenemos Ciencias?

¡¡RIIIING!

Sí, el martes hay Ciencias.

Juegas muy bien, Oda.

¡Gracias!

¿Cómo estás, Oda?

Bien, muy bien.

HORARIO

Olga

¿Qué asignatura tenemos?

Tenemos Música con la señora Martínez.

Música es mi asignatura favorita.

¡Vamos!

¡Cuidado, Mar!

¡CATACRASH!

¿Qué es esto? Tenemos Español el martes.

¿Qué? ¿Qué hay el martes? ¡¡Oh, noooo!!

¡Mmm... Me gusta el helado!

1 25 Escucha y canta.

¿Dónde están?

pan

queso

naranjas

manzanas

pescado

huevos

pollo

jitomates

papas

jugos

Estamos en el supermercado.

arroz

helados

Me gusta el pan, me gusta el pan.
Me gusta el pan, me gusta el queso,
no me gustan las papas, no me gustan los huevos.
Me gusta el pan, me gusta el pan.
Me gusta el arroz, me gusta el pescado,
no me gustan los jitomates, no me gusta el helado.
Me gusta el pan, me gusta el pan.
Me gusta el jugo, me gustan las manzanas,
no me gusta el pollo, no me gustan las naranjas.

2 🐶 26 Escucha y señala. Luego, repite.

3 🐶 27 Escucha y practica.

Me gusta…

Me gustan…

No me gusta…

No me gustan…

Me gusta…
Me gustan…

No me gusta…
No me gustan…

Aprende

😊 Me gusta/gustan…

☹ No me gusta/gustan…

4  28 ¡Así suena! Escucha y repite.

Un burro al barro cayó.

A Ruth y a Rebeca la risa les dio.

Ramón Rodríguez a las niñas riñó.

5 29 Escucha y aprende.

Hay naranjas.

¡Mmm...! ¿Puedo comer una naranja?

Vale.

Gracias, mamá.

¿Podemos tomar una manzana?

Sí, claro. Hay manzanas en el frigorífico.

¡Gracias!

pan

huevos

queso

jitomates

pollo

naranjas

pescado

manzanas

jugo

papas

Aprende

SINGULAR	PLURAL
papa	papas
jitomate	jitomates

6 30 Escucha y señala.

7 🐾 31 **Escucha y juega.**

¿Hay helado?

Sí, es el número 3.

¿Te gusta el helado?

No, no me gusta.

¿Hay manzanas?

Sí, es el número 6.

¿Te gustan las manzanas?

Sí, me gustan.

¿Hay...?

Sí, es...

1. pollo

2. queso

3. helado

4. pescado

5. naranjas

6. manzanas

7. jugo

8. arroz

9. papas

10. huevos

8 Lee y dibuja.

(1) Oda y su papá están en el supermercado. Tienen huevos, papas y manzanas.

(2) Julia tiene naranjas y su hermano un jugo de manzana.

(3) Me gusta el pescado. No me gusta el arroz.

9 🐶 32 Escucha e identifica.

Tengo hambre, tengo sed.
¿Qué tenemos para comer?

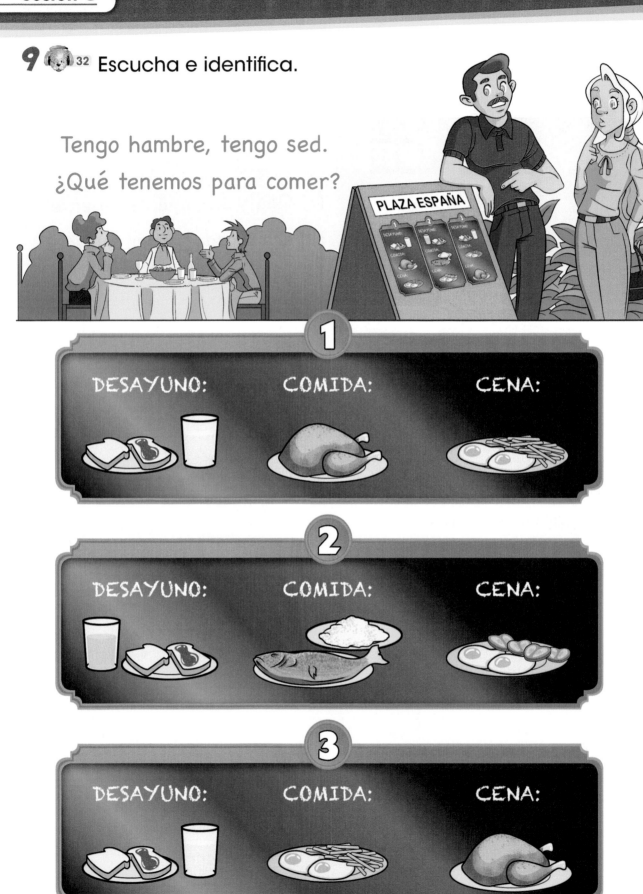

1

DESAYUNO: COMIDA: CENA:

2

DESAYUNO: COMIDA: CENA:

3

DESAYUNO: COMIDA: CENA:

10 Completa con tu menú.

Yo desayuno…

Yo como…

Yo ceno…

11 Ordena y lee.

··· el | pollo | gusta | con | Me | arroz. ·············

·· tomar | papas, | por favor? | ¿Puedo ·············

······ leche, | desayuna | pan | y | Oda | manzana. | una ·············

······ para | Tenemos | pescado | cenar. | jitomates | y ·············

12 Juega con tu compañero/a.

☺ Me gusta…/Me gustan…

☹ No me gusta…/No me gustan…

¿Puedo tomar…?

✕ Tenemos… para cenar.

¡ÑAM, ÑAM...! ¡TENGO HAMBRE!

I FERIA DE ALIMENTOS ECOLÓGICOS

FRUTAS

En el mercado de alimentos ecológicos el sábado...

Tengo sed...

Hay jugo.

MANZANAS

RANJAS JITOMATES PAPAS

¡Mamá! ¡Son mis amigos!

¿Qué tal están?

¡Hola, Mar!

MANZANAS

RANJ JITOMATES

¡Hola, amigos! Él es mi papá. Ella es mi mamá. Ellos tienen este puesto.

¿Podemos tomar una manzana?

¡Gracias!

¡Sí, claro! Las manzanas son sanas.

Santi busca a sus amigos.

QUE OS

¡GUAU!

¡GUAU!

¡Lío, para! ¡Despacio!

¿Me prestas tu goma, por favor?

1 34 Escucha y canta.

Busca en mi mochila, busca en mi mochila,
búscalo en mi mochila.
¿Me prestas el cuaderno y el lápiz, por favor?
Sí, te los presto, sí te los presto, búscalos en mi mochila.
Busca en mi mochila...
Tengo lápices de colores, el libro y la goma.
Por favor, préstame la computadora y la regla, ¡por favor!
Busca en mi mochila...

2  **35** Escucha y señala.

el lápiz

la goma

el libro

el cuaderno

los lápices de colores

la computadora

la regla

el bolígrafo

el pegamento

la mochila

el sacapuntas

las tijeras

3 Observa y practica.

4 36 ¡Así suena! Escucha y repite.

Hoy hay

helado de dulce de leche

y

cucuruchos de chocolate.

¡Qué chachi!

5 37 Pregunta y responde.

6 Adivina y completa.

¿Me prestas tu _____, por favor?

Sí,...

¿Tienes unas _____, por favor?

No,...

¿Me dejas un _____, por favor?

Sí,...

7 Lee y relaciona.

¡Hola, amigos!

Esta es mi escuela. En mi clase hay

mesas, estanterías y computadoras **(1)**.

Me gustan los martes: tenemos Música y

Educación Física **(2)**.

La profesora usa el pizarrón digital

y los libros en la clase de Español **(3)**.

8 Practica con tu compañero/a.

	Lunes	Martes	Miércoles	Jueves	Viernes
9–10	Mates	Lengua	Mates	Dibujo	E. Física
10–11	Lengua	Ciencias	Lengua	Lengua	Español
11–12	Ciencias	Mates	Español	Mates	Ciencias
12–12:30	Recreo				
12:30–13	Español	Dibujo	Ciencias	Español	Lengua
13–14	Dibujo	E. Física	E. Física	E. Física	Dibujo

9 38 Observa y aprende.

10 Practica con tu compañero/a.

11  39 Escucha y señala.

Soy Fernando, yo mando.

¡Cierra los ojos y cuenta hasta diez!

¡Canta y baila!

¡Salten sobre un pie!

¡Pasen la pelota!

12 Ahora juega a *Soy Fernando, yo mando.*

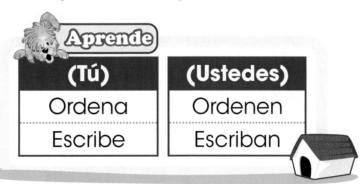

Aprende	
(Tú)	**(Ustedes)**
Ordena	Ordenen
Escribe	Escriban

¡HUESOS PARA LÍO!

En casa de Germán...

¡Hola, Germán!

¡Hola! ¿Qué tal?

¡Bien! ¿Estás listo?

No..., por favor, espera un momento.

NO PASAR

Germán

El lápiz, la goma, el libro y el cuaderno, ¡a la mochila!

¡Vamos!

¡Oh, no... el bus! ¡Espera!

¡Corre, Germán!

¡GUAU!

¡GUAU!

¡Mira, hay dos asientos libres!

¡AY!

¡Germán! ¡No me pises!

MOC

Lo siento, Santi.

¡Ese es Héctor!

¡Hola, amigos!

BLA BLA

¿Dónde está el caballo?

1 41 Escucha y canta.

estáblo

granero

oveja

caballo

burro

estanque

pato

cerdo

vaca

árbol

gallina

perro

Dentro, fuera, delante, detrás.
¿Dónde está el animal?
El pato está en el estanque, las vacas están delante.
El perro está dormido, debajo del árbol está dormido.
El pato dentro, la vaca delante, el perro debajo.
Dentro, fuera, delante, detrás...
El burro está en el establo, las ovejas están detrás.
El caballo está en el establo, dentro del establo el caballo está.
El pato dentro, la vaca delante, el perro debajo, el burro dentro,
la oveja detrás, el caballo dentro.
Dentro, fuera, delante, detrás...
El cerdo come fruta, está dentro de su casa.
La gallina come pan, la gallina fuera está.
El pato dentro, la vaca delante, el perro debajo, el burro dentro,
la oveja detrás, el caballo dentro, el cerdo dentro, la gallina fuera.

2 Escucha y repite.

En mi granja paso el día, ía, ía, oooh.

3 Escucha e identifica.

La vaca.

4 🐾 44 ¡Así suena! Escucha y repite.

5 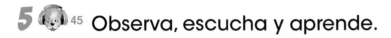 **45 Observa, escucha y aprende.**

¿Dónde está el pato?

¿Dónde está el burro?

¿Dónde está la oveja?

El burro está...

dentro del establo

fuera del establo

La oveja está...

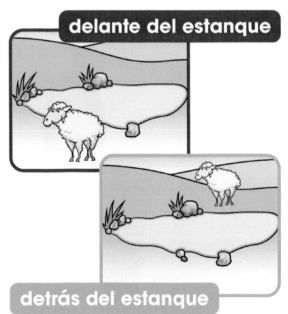

delante del estanque

detrás del estanque

El pato está...

debajo del árbol

encima del árbol

6 ¡Vamos a jugar!

1 C.

El cerdo está fuera del granero.

Aprende

¿Dónde está?
Está delante de/detrás de...
Está dentro de/fuera de...
Está debajo de/encima de...

7 Lee esta postal.

¡Hola!

Me llamo Mar, tengo 8 años y soy
española. Tengo un hermano y una
hermana. Mi familia tiene una granja.
¡Me encantan los animales! Hay cerdos,
ovejas y un burro. También tenemos
gallinas. Yo juego con mi hermano
y mi hermana en la granja.
Mi animal preferido es el caballo.
Es un animal típico de España.

Tu amiga, Mar.

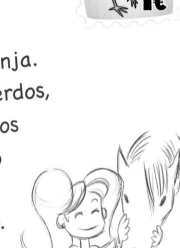

8 Lee y completa según la actividad anterior.

1. Mar es de…

a) Argentina.

b) España.

c) Italia.

2. Mar tiene…

a) diez años.

b) nueve años.

c) ocho años.

3. La familia de Mar tiene…

a) un supermercado.

b) un zoo.

c) muchos animales.

4. A Mar le gusta mucho…

a) el caballo.

b) la gallina.

c) el perro.

9 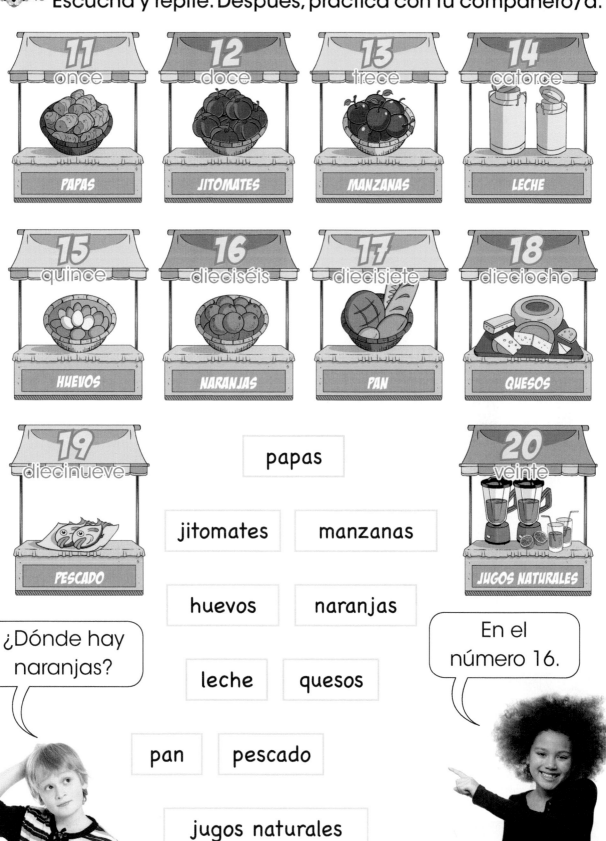 46 Escucha y repite. Después, practica con tu compañero/a.

11 once — PAPAS

12 doce — JITOMATES

13 trece — MANZANAS

14 catorce — LECHE

15 quince — HUEVOS

16 dieciséis — NARANJAS

17 diecisiete — PAN

18 dieciocho — QUESOS

19 diecinueve — PESCADO

20 veinte — JUGOS NATURALES

papas

jitomates   manzanas

huevos   naranjas

leche   quesos

pan   pescado

jugos naturales

¿Dónde hay naranjas?

En el número 16.

10 Elige y juega.

11

13

12

16

20

19

17

14

18

15

11 Ordena las palabras y adivina.

un caballo

está

patos

estanque.

árbol.

Hay

La

vaca

dentro del

Tenemos

blanco.

detrás del   doce

¿Qué dibujo es?

A   B   C

12 Describe los otros dibujos con tu compañero/a.

Es viernes por la tarde. Oda y Julia pasean en bicicleta.

...Once, doce, trece y catorce... ¡Hay catorce árboles!

Sí. ¡Mira! Tienen manzanas rojas... y hay naranjas. ¡Me gustan las naranjas!

Allí está la granja de Mar. ¿Vamos?

Sí. ¡Buena idea!

¿Dónde está Mar?

¡Hola? ¡Mar! ¡Mar!

Hola, amigas, estoy aquí. Tenemos un caballo nuevo dentro del establo.

¡Qué bonito!

¿Podemos ver las gallinas?

Sí, están fuera del gallinero. ¡Vamos!

MI VOCABULARIO

UNIDAD 1

¡Adiós!

amarillo

azul

bien

blanco

Brasil

¡Buenas tardes!

¡Buenos días!

cinco

cuatro

diez

dos

España

gracias

¡Hasta mañana!

¡Hola!

mal

México

negro

nueve

ocho

perro

¿Qué tal?

rojo

seis

siete

tres

uno

verde

UNIDAD 2

abogado/-a

abuelo/-a

alumno/-a

amigo/-a

bibliotecario/-a

cocinero/-a

conductor/-a

director/-a

doctor/-a

hermano/-a

mamá

papá

profesor/-a

tío/-a

UNIDAD 3

cantar

Ciencias

desayunar

dibujar

Dibujo

domingo

Educación Física

escuchar

Español

estudiar

jueves

jugar

Lengua

lunes

martes

Matemáticas

miércoles

Música

sábado

viernes

UNIDAD 4

arroz

cena

cenar

comer

comida

desayunar

desayuno

frigorífico

hambre

helado

huevo

jitomate

jugo

leche

manzana

naranja

pan

papa

pescado

podemos

pollo

puedo

queso

sed

tomar

tostada

UNIDAD 5

abrir

bailar

bolígrafo

cantar

casa

cerrar

clase

comer

computadora

contar

cuaderno

escribir

estanterías

goma

ir(se)

lápices de colores

lápiz

libro

mochila

ojo

ordenar

papelera

pasar

pegamento

pelota

pie

pizarrón digital

pupitre

regla

sacapuntas

salir

saltar

tijeras

trabajar

usar

ventana

UNIDAD 6

árbol

burro

caballo

catorce

cerdo

diecinueve

dieciocho

dieciséis

diecisiete

doce

establo

estanque

gallina

granero

once

oveja

pato

perro

quince

trece

vaca

veinte

Notas

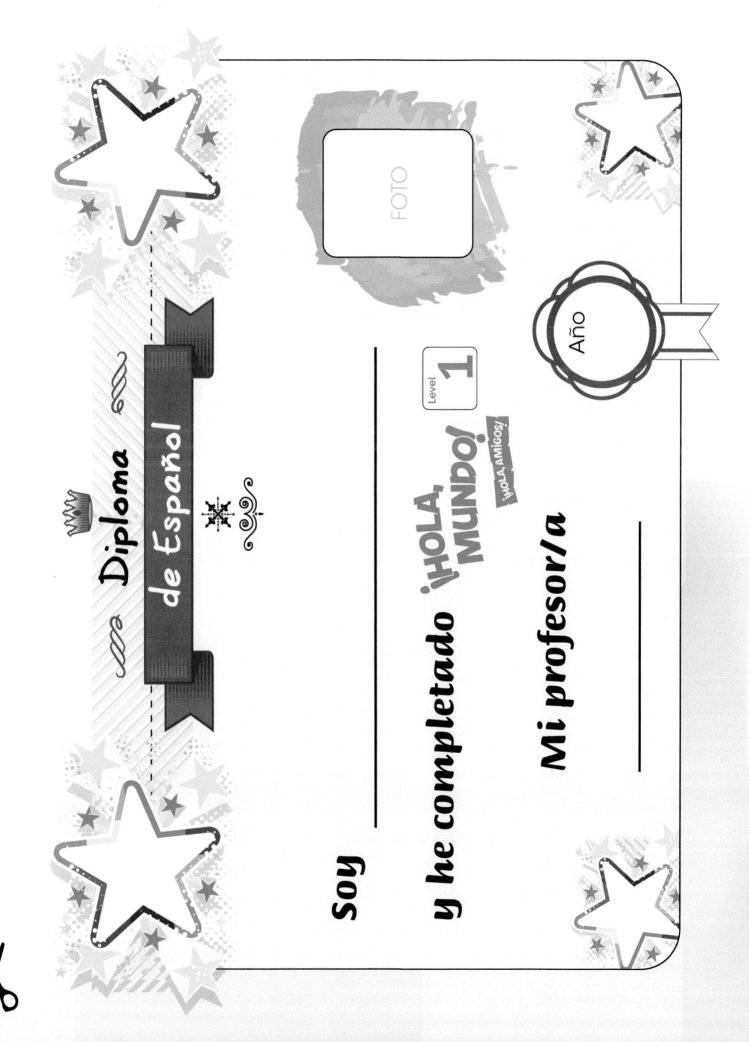

Diploma
de Español

FOTO

Año

¡HOLA, MUNDO!

¡HOLA, AMIGOS!

Level **1**

Soy _____

y he completado _____

Mi profesor/a _____